Manfred Rückemesser

Crashkurs
Liedbegleitung Klavier

Ed 23480

Vorwort

Herzlich Willkommen zu diesem Crashkurs. Dieses Buch möchte dazu beitragen, das Klavier, für viele Spielerinnen und Spieler ausschließlich ein Soloinstrument, auch als Begleitinstrument einzusetzen. Ob man sich zum eigenen Gesang begleitet oder mit anderen musiziert, Spaß macht es auf jeden Fall. Sehr gut eignen sich hierfür Traditionals, Spirituals, Popsongs und Schlager.

Der Crashkurs beginnt mit der Vorstellung der aus drei Akkorden bestehenden „einfachen Kadenz." Dann folgen Erläuterungen zum Fingersatz, zum Pedalgebrauch und zur Dynamik. Es schließt sich ein Repertoireteil mit 20 in verschiedenen Stilarten und Schwierigkeitsstufen eingeteilten Liedern und Songs an: Level 1 einfach, Level 1-2 fast noch einfach, Level 2 nicht schwierig, Level 2-3 schon schwieriger, Level 3 fast schon schwierig.
Hier werden die einzelnen Titel mit den Merkmalen der verschiedenen Stilarten vorgestellt und deren Aufbau und Spielweise erklärt. QR-Codes führen zu Video-Tutorials, in denen man die Begleittechniken der Stilarten noch einmal sehen kann. Sie erklären außerdem, wie diese Techniken auf andere Songs übertragen werden können.

Am Ende des Buches werden verschiedene Musikbegriffe erklärt und Übetipps aufgeführt, die beim Einstudieren der Songs behilflich sein sollen.

Viel Freude und gutes Gelingen beim Begleiten der Lieder!

Impressum

ED 23480
Printed in Germany
BSS 59985
ISBN 978-3-7957-2286-9

Redaktion, Notensatz und Layout: Studio Neumann, Glienicke
Umschlagfotos: © www.stock.adobe.com / Nomad Soul (Klavier spielen) / alexkich (Notenblatt) / Mariia Loginovskaja (Stimmgabeln)
Videos: Studio Neumann, Glienicke

Alle Rechte vorbehalten

© 2021 Schott Music GmbH & Co. KG, Mainz

Inhalt

Grundlagen

Die einfache Kadenz	4
Zum Fingersatz	6
Zur Dynamik	6
Zum Pedal	7

Die Lieder & Songs

Broken Chords:	Greensleeves *Level 1–2*	8
	Hallelujah *Level 2*	10
	The House of the Rising Sun *Level 1–2*	12
Changeable Bass:	Oh! Susanna *Level 1–2*	14
	Sascha liebt nicht große Worte *Level 1–2*	16
Country Style:	Amazing Grace I *Level 3*	18
	He's Got the Whole World *Level 3*	20
	Soon and very soon *Level 2–3*	22
Latin Style:	Island in the Sun *Level 2*	24
	Swing low, sweet Chariot *Level 3*	26
Mozart Style:	Amazing Grace II *Level 2*	28
	Komm, lieber Mai *Level 2*	30
Quinten-Song:	Bruder Jakob *Level 1*	32
	Hejo, spann den Wagen an *Level 1–2*	33
	What Shall we do with the Drunken Sailor *Level 2*	34
Quint/Octave & Chords:	Es ist für uns eine Zeit angekommen *Level 2*	36
	Rolling in the Deep *Level 2–3*	37
Quint/Sixth Style:	Tom Dooley *Level 2*	40
Syncopated Chords:	Speedy Gonzales *Level 3*	43
Walking Bass:	Backwater Blues *Level 2–3*	46

Anhang

Erklärungen der Musikbegriffe	48
Videoverzeichnis	49
Übetipps	50

Crashkurs Liedbegleitung Klavier

Grundlagen
Die einfache Kadenz

Die einfache Kadenz setzt sich aus drei Akkorden, den Hauptdreiklängen, zusammen und bildet das Fundament fast aller Musikstile. Ausgehend von einer Tonleiter bezeichnet man den ersten Akkord in der Grundstellung auf dem ersten Ton der Tonleiter als Tonika oder erste Stufe, den zweiten auf dem vierten Tonleiterton als Subdominante oder vierte Stufe, den dritten auf dem fünften Ton der Tonleiter als Dominante oder fünfte Stufe. Durch unterschiedliche Anordnungen der Dreiklangstöne ergeben sich drei Kadenzvarianten.

Basispattern in C-Dur

- a) Kadenz in der Grundstellung

- b) Kadenz in der ersten Umkehrung (Sextakkord)

- c) Kadenz in der zweiten Umkehrung (Quartsextakkord)

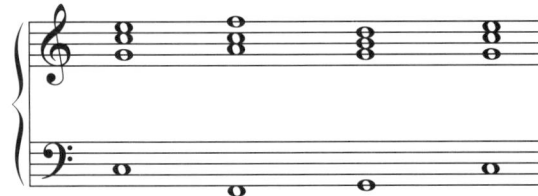

Basispattern in a-Moll

- d) Kadenz in der Grundstellung

- e) Kadenz in der ersten Umkehrung (Sextakkord)

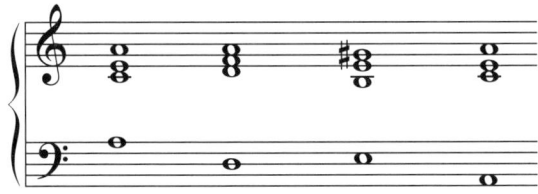

- f) Kadenz in der zweiten Umkehrung (Quartsextakkord)

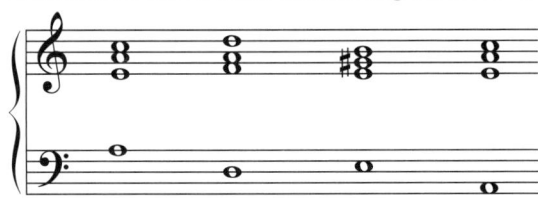

Beginnend mit der Tonika wechselt man, abhängig vom Melodieverlauf der Gesangsstimme, in die Subdominante oder Dominante. Den Schlussakkord bildet in der Regel wieder die Tonika. Beispiele hierfür sind *I Come from Alabama*, *Swing low, sweet Chariot* oder *Backwater Blues*.
Es gibt natürlich auch Lieder, bei denen außer der Tonika nur die Subdominante oder Dominante benötigt wird, oder es werden vier oder mehr verschiedene Akkorde gebraucht. Das sind dann die Nebendreiklänge der Kadenz. Beispiel: Nimmt man von G-Dur den Dreiklang auf der ersten Stufe (g-h-d) und wechselt auf den Dreiklang der sechsten Stufe (e-g-h), befindet man sich in der parallelen Tonart e-Moll (siehe *Speedy Gonzales*).
Es folgen einige Begleitungsmöglichkeiten in unterschiedlichen Schwierigkeitsgraden und Tonarten, die das Gesagte verdeutlichen und als Vorlage für viele Lieder dienen können.

Zum Fingersatz

Fast jeder Song ist mit Fingersätzen versehen. Dadurch lassen sich die etwas schwereren und ungewohnten Passagen leichter und schneller einüben. Mit der Verwendung der angegebenen Fingersätze erhöht sich außerdem die Spielsicherheit.

Beispiel für Fingersätze:

Zur Dynamik

Das Klavier hat wie die Gesangsstimme die Möglichkeit, in unterschiedlichen Lautstärken zu musizieren, und das sollte man nutzen.
Die Anschlagsstärke der Klaviertasten orientiert sich an der Lautstärke des Gesangs, und die wiederum oft am Textinhalt. Die Begleitung sollte die Gesangsstimme nicht übertönen. Beispiel: Wird leise gesungen (piano), spielt das Klavier sehr leise (pianissimo), bei lautem Gesang (forte) werden die Tasten mittelstark (mezzoforte) angeschlagen.

Die wichtigsten Lautstärkebezeichnungen:

pp	pianissimo:	sehr leise
p	piano:	leise
mf	mezzoforte:	halbstark/halblaut
f	forte:	stark/laut
ff	fortissimo:	sehr stark/sehr laut
cresc.	crescendo:	allmählich lauter werdend
decresc.	decrescendo:	allmählich leiser werdend

Crashkurs Liedbegleitung Klavier

Zum Pedal

Die heutigen Klaviere und Flügel sind in der Regel mit drei Pedalen ausgestattet, ältere Instrumente auch nur mit zweien. Das am meisten benötigte Pedal ist das auf der rechten Seite, das Legato- oder Bindepedal. Bei der Mehrzahl der Lieder kommt es auch hier zum Einsatz. Getreten lässt es alle gleichzeitig und hinterher gespielten Töne für eine Zeit lang weiterklingen. Um nicht erwünschte, dissonante Klänge zu vermeiden, wird spätestens bei einem Akkordwechsel das Pedal kurz angehoben und sofort wieder niedergedrückt.
Das linke Pedal (una corda) erleichtert das Spielen von leisen (piano) und sehr leisen (pianissimo) Passagen, auf dem Klavier durch die Abstandsverringerung der Hämmer zu den Saiten. Beim Flügel verschiebt sich die Tastatur zusammen mit den Hämmern um einige Millimeter nach rechts, so dass der durch die heruntergedrückte Taste bewegte Filzhammer eine Saite weniger anschlägt. Der so erzeugte Ton klingt gedämpfter und weicher.
Bei manchen Klavieren ist das mittlere Pedal ein sogenannter Moderator: Hier wird ein Filz zwischen Hämmer und Saiten geschoben, und selbst bei starkem Anschlag ist nur ein schwacher Ton zu hören. Dieses Pedal sollte nur bei Tonleiter-und Dreiklangsübungen benutzt werden, bei anhaltendem Gebrauch geht die Sensibilität des Anschlags verloren.
Um die Funktion des mittleren Pedals beim Flügel zu aktivieren – das sogenannte Sostenuto-Pedal – müssen die gedrückten Tasten gehalten werden. Danach wird das Pedal betätigt, die Finger können die Tasten loslassen und anders als beim rechten Pedal klingen auch nur die vorher gespielten Töne weiter.

Pattern zum rechten Pedal

℞ed.   Pedal sofort nach dem Tastenanschlag treten (nachgetretenes- oder Legatopedal)
✻   Pedal heben

Eine andere, selten angewandte Möglichkeit das Pedal zu bedienen ergibt sich beim gleichzeitigen- oder Akzentpedal. Dabei wird, wie der Name schon sagt, gleichzeitig mit dem Tastenanschlag, meist ein Akkord, auch das Pedal getreten.

Die Lieder & Songs
Broken Chords (gebrochene Akkorde)

Akkorde sind Zuzsammenklänge von drei oder mehr Tönen, also Dreiklänge, Vierklänge, Fünftklänge etc. Gebrochene Akkorde meint, dass die einzelnen Akordtöne nacheinander angeschlagen werden – in Auf- und/oder Abwärtsbewegungen. Dies geschieht im folgenden Beispiel in der rechten Hand. Im Bassschlüssel schlägt die linke Hand die *Grundtöne der Dreiklänge einzeln, auch mit einer *Quinte oder *Oktave an.

Pattern a)

Pattern b)

Greensleeves entstand um 1600 in England; viele Sänger und Sängerinnen haben diese Melodie in ihrer Musik übernommen, darunter Elvis Presley, Neil Young und Hildegard Knef.

Es werden die *Akkorde e-Moll, D-Dur, H-Dur und G-Dur, jeweils in der *Grundstellung, benötigt. Das übernimmt die rechte Hand, welche die genannten Akkorde nacheinander als Achtelnoten anschlägt, also als *gebrochene Dreiklänge. Die linke Hand spielt im ersten Teil die *Grundtöne der Dreiklänge als punktierte Halbe, punktierte Viertel und Viertel, im zweiten Teil die Grundtöne und *Quinten als punktierte Viertel eine *Oktave höher. Die letzten beiden Takte übernehmen die Notenwerte von Takt sieben und acht.

*siehe „Erklärungen der Musikbegriffe", S. 48

Greensleeves

M+T: überliefert (aus England)

2. If you intend thus to disdain,
   it does the more enrapture me,
   and even so, I still remain
   a lover in captivity.
   Greensleeves ...

3. Alas, my love, that you should own
   a heart of wanton vanity,
   so must I meditate alone
   upon you insincerity.
   Greensleeves ...

4. Ah, Greensleeves, now farewell, adieu,
   to God I pray to prosper thee,
   for I am still thy lover true,
   come once again and love me!
   Greensleeves ...

Crashkurs Liedbegleitung Klavier

Hallelujah

M+T: Leonard Cohen

Crashkurs **Liedbegleitung Klavier**

2. Your faith was strong but you needed proof.
You saw her bathing on the roof.
Her beauty in the moonlight overthrew you.
She tied you to a kitchen chair.
She broke your throne, and she cut your hair.
And from your lips she drew the Hallelujah.

3. Baby I have been here before,
I know this room, I've walked this floor.
I used to live alone before I knew you.
I've seen your flag on the marble arch.
Love is not a victory march.
It's a cold and it's a broken Hallelujah.

Hallelujah ist ein Song des kanadischen Songwriters und Sängers Leonard Cohen aus dem Jahr 1984.

Verwendet werden die *Akkorde G-Dur, e-Moll, C-Dur, D-Dur und h-Moll. Die rechte Hand spielt diese teils in der *Grundstellung, teils in der *ersten oder *zweiten Umkehrung als Achtelnoten. Ausnahmen bilden der aus punktierten Viertelnoten bestehende Akkord vor Refrainbeginn und der aus punktierten halben Noten bestehende Schlussakkord.
Die linke Hand spielt die *Grundtöne der Dreiklänge, teils mit einer *Quinte oder *Oktave, teils auch mit einem *Durchgangston. Beispiel: *Intro Takte eins und zwei, jeweils das Achtel auf Zählzeit sechs zur zweiten Hälfte des Taktes. Als Notenwerte werden punktierte Halbe, punktierte übergebundene Viertel und Achtel eingesetzt.

*siehe „Erklärungen der Musikbegriffe", S. 48

Crashkurs Liedbegleitung Klavier

The House of the Rising Sun

M+T: überliefert (aus den USA)

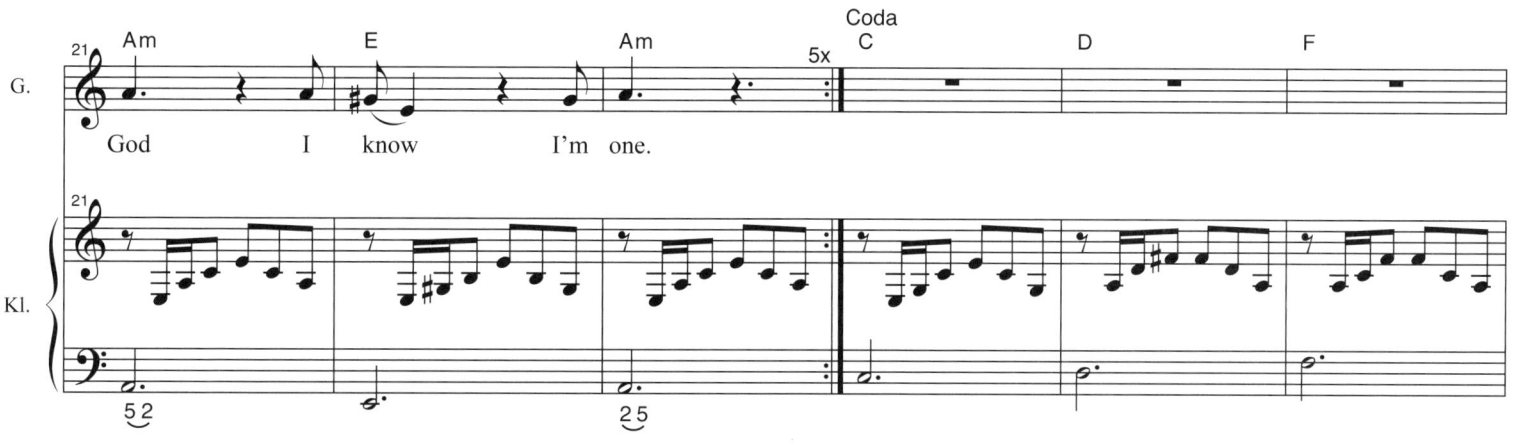

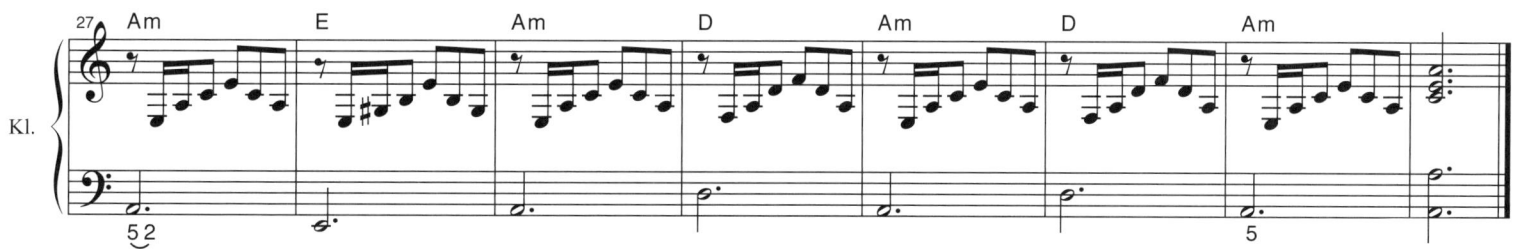

2. My mother was a tailor,
she sewed my new blue jeans.
My father was a gamblin' man
down in New Orleans.

3. Now the only thing a gambler needs
is a suitcase and a trunk.
And the only time he's satisfied
is when he's on a drunk.

4. Oh mother, tell your children
not to do what I have done.
Spend your lives in sin and misery
in the House of the Rising Sun.

5. Well, I got one foot on the platform
the other foot on the train.
I'm goin' back to New Orleans
to wear that ball and chain.

6. siehe Strophe 1

Berühmt wurde dieser amerikanische Folksong 1964 durch die britische Band „The Animals".

Benötigt werden a-Moll, C-Dur, D-Dur, F-Dur und E-Dur, jeweils als *gebrochene Akkorde in Sechzehntel- und Achtelbewegung bis zur *Oktave. Diese Aufgabe übernimmt die rechte Hand. Den Schlussakkord bildet ein nicht gebrochener a-Moll Dreiklang.
Für die linke Hand benötigt man in jedem Takt den *Grundton des jeweiligen Akkords – möglich wäre auch oktaviert – notiert als punktierte halbe Note.

*siehe „Erklärungen der Musikbegriffe", S. 48

Crashkurs Liedbegleitung Klavier

Changeable Bass (Wechselbass)

Die rechte Hand spielt *Akkorde auf den unbetonten Taktteilen, die linke abwechselnd den *Grundton und die *Quarte abwärts/*Quinte aufwärts auf den betonten Taktteilen.

Oh! Susanna

M+T: Stephen Collins Foster

Dieses 1848 von Stephen Collins Foster geschriebenen Lied wurde zu einem der bekanntesten Folksongs Amerikas.

Bei diesem Titel verwendet man die *Akkorde D-Dur, G-Dur und A-Dur (die *einfache Kadenz) mit den Notenwerten punktierte Viertel, punktierte Achtel, Achtel und Sechzehntel. Die Akkorde in der *Grundstellung, der *ersten und *zweiten Umkehrung werden in der von der Gesangsstimme vorgegebenen Reihenfolge von der rechten Hand gespielt. Der Klavierbegleitung beginnt hier mit einem *Intro. Das obere Begleitsystem übernimmt einen Teil der Gesangsstimme, das untere den D-Dur Akkord mit dem Wechselbass d-a-d. In Strophe und Refrain teilen sich beide Systeme die Spielweise der linken Hand der Einleitung. Als Schlussteil dient ein verkürztes Intro.

Crashkurs Liedbegleitung Klavier

2. It rained all night the day I left, the weather was so dry,
The sun so hot, I frose to death, Susanna, don't you cry.

Oh! Susanna …

*siehe „Erklärungen der Musikbegriffe", S. 48

Sascha liebt nicht große Worte

M+T: überliefert (aus Russland)

2. Saschas Vater war ein Pferdehändler,
der auch reiten lehrte.
In der Stunde zehn Kopeken,
Sascha mußte Pferde pflegen.

Nja nja nja …

3. Sascha zog sie roh am Zügel,
denn er liebte nur Geflügel.
Pferde konnte er nicht leiden,
haute sie auf beide Seiten.

Nja nja nja …

4. Doch die kleinen Pferde bissen
Saschas Kleider und zerrissen
seine Hosen und begannen
dieses kleine Lied zu sangen:

Nja nja nja …

Dieser Titel ist ein russisches Volkslied, die Entstehungszeit ist unbekannt.

Hier werden die *Akkorde d-Moll, g-Moll und der *Septakkord A-Dur in der *Grundstellung, der *ersten und *zweiten Umkehrung in halben– und Viertelnoten eingesetzt, es entsteht eine *einfache Kadenz.
Das Lied beginnt mit einem viertaktigen *Intro. Die rechte Hand schlägt den d-Moll-Dreiklang auf den unbetonten Taktteilen zwei und vier an, die linke Hand die Wechselbassnoten d auf dem betonten Taktteil eins, a oder cis auf dem betonten Taktteil drei.
Dieses rhythmische Prinzip wird fast im ganzen Stück beibehalten. Ausnahmen erkennt man in den Takten 13-14, 17-18 und im letzten Takt 20. Im Vierklang a-cis-e-g in den Takten 7, 11, 15 und 19 findet der *Dominantseptakkord, auch als D^7 bezeichnet, Anwendung.

*siehe „Erklärungen der Musikbegriffe", S. 48

Country Style

Die Begleitung im Violinschlüssel setzt sich aus *Akkorden, Dreiklangstönen, *Blue Notes und *Durchgangstönen zusammen, im Bassschlüssel aus dem *Grundton der Akkorde, teils oktaviert und in tiefer Lage, mit einer *Quinte oder einem *gebrochenen Dreiklang.

Pattern a)

Pattern b)

Pattern c)

Der Komponist der Melodie des berühmten amerikanischen Kirchenliedes *Amazing Grace* ist unbekannt, den Text schrieb der ehemalige englische Sklavenschiffkapitän John Newton um 1770.

Eingesetzt werden die *Akkorde G-Dur, e-Moll, C-Dur, D-Dur, die *Septakkorde A-Dur, D-Dur und G-Dur, teils in der *Grundstellung, der *ersten oder *zweiten Umkehrung, gespielt als punktierte Halbe, Halbe, punktierte Viertel, Viertel, punktierte Achtel, Achtel, Achteltriolen und Sechzehntel.
Die Klavierbegleitung beginnt mit einem *Intro. Die Melodie der Gesangsstimme wird in der rechten Hand vorweggenommen, in Takt drei und vier unterstützen vier *Terzen die Begleitung. Im Bassschlüssel erscheint der *Grundton g, gefolgt vom G-Dur-*Dreiklang, A-Dur- und D-Dur-*Septakkord und den Tönen g und d.
Nach dem Auftakt der Gesangsstimme erscheinen im Violinschlüssel der Begleitung die Dreiklänge G-Dur mit den Tönen g, d, g im Bass, C-Dur mit den Tönen c, g, c im Bass und wieder G-Dur. Nach einem schnellen Wechsel von D- nach G-Dur folgt der *Dominantseptakkord (D^7) in der rechten Hand und mit den Tönen d, e, fis in der linken Hand. Die Note e bezeichnet man dabei als *Durchgangston. Nach dem nun folgenden G-Dur-Dreiklang und G-Dur-Septakkord, den Dreiklängen C-Dur, G-Dur und e-Moll, führen die letzten beiden etwas abgewandelten Takte des Intros zum Ende des Stücks.

*siehe „Erklärungen der Musikbegriffe", S. 48

Amazing Grace I

M: überliefert (aus Neu-England)
T: John Newton (1725–1807)

2. 'Twas grace that taught my heart to fear,
and grace my fears relieved;
how precious did that grace appear
the hour I first believed.

3. When we've been there ten thousand years,
bright shining as the sun,
we've no less days to sing God's praise
than when we'd first begun.

4. The Lord has promised good to me,
His word my hope secures.
He will my shield and portion be
as long as life endures.

Crashkurs **Liedbegleitung Klavier**

He's got the Whole World

M+T: überliefert (aus den USA)

Crashkurs Liedbegleitung Klavier

2. He's got a tiny little baby in his hands.

3. He's got the you and me brother in his hands.

4. He's got the son and his father in his hands.

5. He's got the mother and her daughter in his hands.

6. He's got everybody here in his hands.

7. He's got the sun and the moon in his hands.

Dieses amerikanische Spiritual wurde 1957 durch eine Aufnahme mit der englischen Sängerin Laurie London international bekannt.

Es werden die *Akkorde C-Dur und G-Dur in der *Grundstellung verwendet, im vorletzten Takt auch G-Dur in der *ersten Umkehrung. Eingesetzt werden halbe Noten, Viertel- und Achtelnoten und Achteltriolen (siehe rhythmischen Spielhinweis über dem ersten Takt).
Die Liedbegleitung beginnt mit einem kurzen *Intro, bei dem die rechte Hand mit Achtelnoten, einer Triole mit *Blue Note (dis) und zwei halben Noten die Einleitung gestaltet. Die linke Hand spielt ein tiefes, *oktaviertes C, den C-Dur-Dreiklang, zwei oktavierte tiefe Töne g, wieder c, eine Triole und eine halbe Note g.
Nach dem Auftakt der Gesangsstimme folgt in Takt vier im Violinschlüssel der C-Dur-Dreiklang mit einer Triole, gefolgt von einer Blue Note im fünften Takt; die linke Hand spielt ein tiefes oktaviertes c und die *Quinte c-g. In Takt sechs folgt der Wechsel zum G-Dur-Dreiklang mit einer Triole und der Erweiterung zum *Dominantseptakkord in Takt sieben, gespielt von der rechten Hand. Im Bass sieht man ein tiefes oktaviertes g und die Quinte g-d. Der G-Dur-Akkord führt dann wieder zurück zum C-Dur-Dreiklang.
Den Schlussteil des Titels bildet der G-Dur-Akkord mit *Durchgangstönen auf den Zählzeiten drei und vier, die entweder in die erste oder zweite Klammer führen. Dafür ist die rechte Hand zuständig. Links werden außer einer Quinte tiefe Oktaven angeschlagen, die letzten beiden Töne eine Oktave tiefer.

*siehe „Erklärungen der Musikbegriffe", S. 48

Soon and very Soon

M+T: Andraé Edward Crouch (1942–2015)

Crashkurs Liedbegleitung Klavier

© 1976 Crouch Music (ASCAP) Bud John Songs (ASCAP) (adm. At CapitolCMGPublishing.com) All rights reserved. Used by permission.

Soon and very Soon ist ein Song des amerikanischen Gospelsängers Andraé Crouch.

Benötigt werden in der rechten Hand der F-Dur-Akkord als erste Umkehrung, der B♭-Dur-Akkord in der Grundstellung und ersten Umkehrung und der C-Dur-Akkord, ebenfalls in der ersten Umkehrung (*einfache Kadenz).
Ein achttaktiges *Intro beginnt mit der Vorwegnahme der Gesangsmelodie, verstärkt durch eine Unterstimme, *Blue Notes sowie einige *Dreiklänge und *Terzen im Violinschlüssel. Im Bass erscheinen tiefe *Oktaven mit der *Wechselnote d in Takt vier.
Im Verlauf der Gesangsstimme werden im oberen Begleitsystem Dreiklänge, Einzeltöne, Blue Notes und *Sexten angeschlagen. Im unteren System erscheint der *Grundton des jeweiligen Akkordes mit der Oktave, *Quinte und Terz. Im Schlussteil der Gesangsmelodie wird der Jubelruf „Halleluja" durch tiefe Oktaven im Bass verstärkt.
Die Wiederholung der letzten vier Takte des Intros führt zum Ende des Songs, der Schlussakkord ist F-Dur.

*siehe „Erklärungen der Musikbegriffe", S. 48

Crashkurs Liedbegleitung Klavier

Latin Style

Pattern a)
Calypso

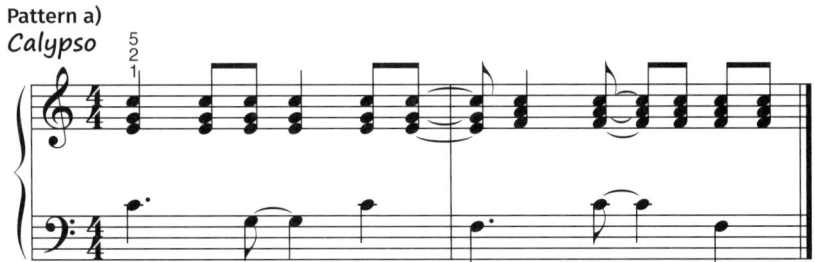

Die Begleitung besteht aus einem zweitaktigen, sich bis zum Schluss wiederholenden *Pattern. Dieses setzt sich aus zwei unterschiedlichen Rhythmen, verteilt auf beide Hände, zusammen. Der Rhythmus in der rechten Hand nutzt verschiedene *Akkorde in der *Grundstellung und den *Umkehrungen, die linke Hand spielt die *Grundtöne der Dreiklänge mit dem *Wechselbass in Pattern a oder eine eigene Melodiestimme in Pattern b.

Pattern b)
Reggae

Mit diesem 1957 als Filmmusik für den gleichnamigen Film geschriebenen Lied wurde der amerikanische Schauspieler und Sänger Harry Belafonte international bekannt.

Verwendet werden die *Akkorde C-Dur in der *ersten Umkehrung, F-Dur in der *Grundstellung und G-Dur in der *zweiten Umkehrung (einfache Kadenz), dazu in der ersten Strophe auch der *Dominantseptakkord G^7. Gespielt werden punktierte Viertelnoten sowie Viertel- und Achtelnoten.
Dieser Song wird geprägt von seinem immer wiederkehrenden zweitaktigen Rhythmus (Takt neun und zehn). Eine Ausnahme bildet die erste Strophe. Sie beginnt in einem freien Tempo ohne festen Grundschlag, die Begleitung passt sich dem Tempo der Gesangsstimme an und spielt *gebrochene Akkorde.

Island in the Sun

M+T: Harry Belafonte / Lord Burgess

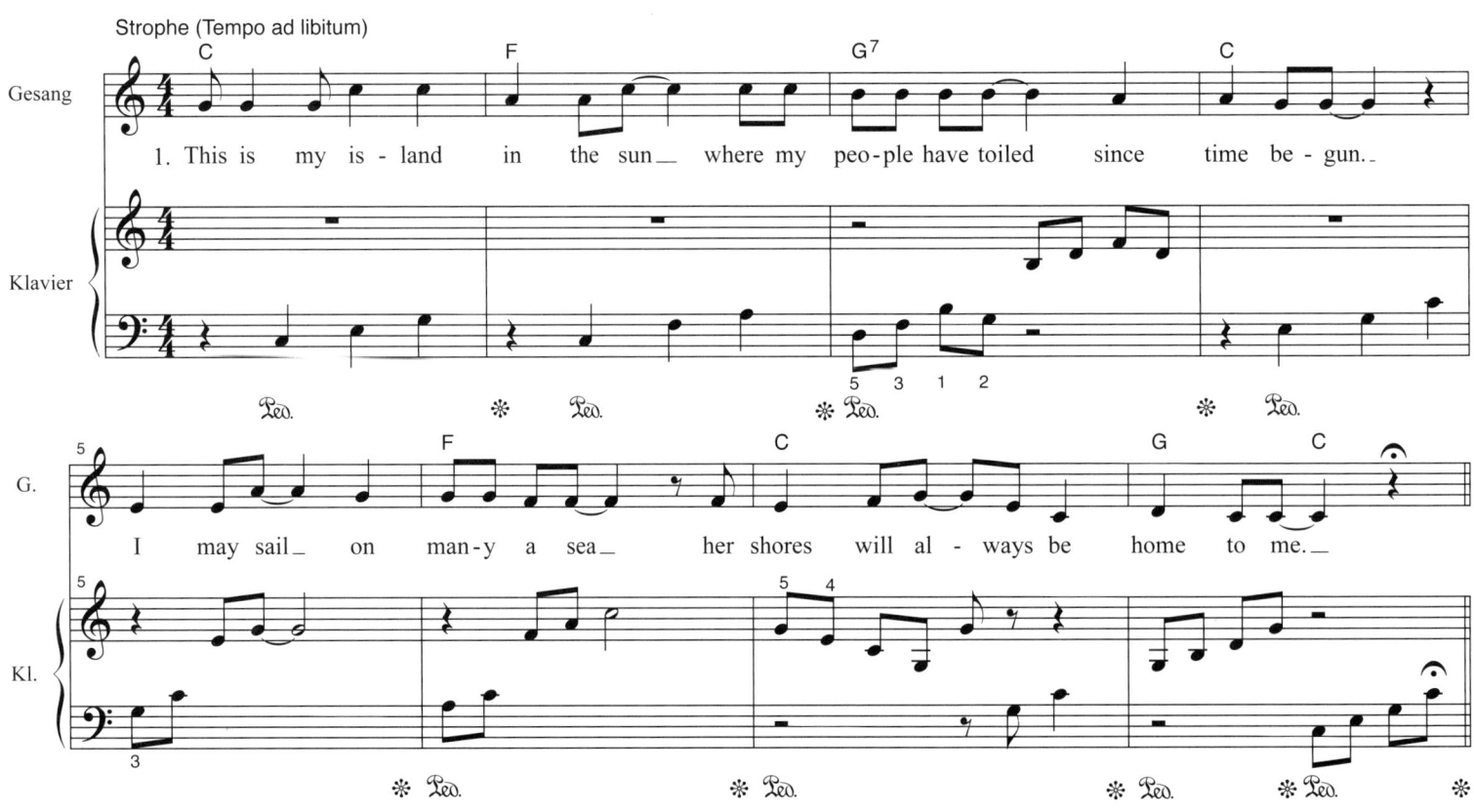

*siehe „Erklärungen der Musikbegriffe", S. 48

Crashkurs Liedbegleitung Klavier

© 1956 Caribe Music and Clara Music Publishing Company, Copyright Renewed, All Rights for Caribe Music Administered by BMG Rights Management (US) LLC, All Rights for Clara Music Publishing Company Administered by Sony Music Publishing LLC, 424 Church Street, Suite 1200, Nashville, TN 37219, All Rights Reserved   Used by Permission, Printed by Permission of Hal Leonard Europe Ltd.

Swing low, Sweet Chariot

M+T: Wallace Willis (ca. 1820–1880)

Crashkurs Liedbegleitung Klavier

2. If you get there before I do,
comin' for to carry me home!
Tell all my fren's that I'm a-comin' too,
comin' for to carry me home!

3. I'm sometimes up an' sometimes down,
comin' for to carry me home!
But still my soul feels heavenly boun',
comin' for to carry me home!

Geschrieben wurde dieses Spiritual von Wallace Willis um 1865, Aufnahmen gibt es unter anderem von Johnny Cash, Joan Baez und Eric Clapton.

Erforderlich für die rechte Hand sind die *Akkorde F-Dur in der *zweiten Umkehrung, B♭-Dur in der *ersten und C-Dur in der *Grundstellung (*einfache Kadenz). Das sechzehntaktige *Intro mit seinem sich immer wiederholenden zweitaktigen *Pattern, verteilt auf beide Hände in Achtel- und Viertelnoten, ist zugleich auch die Begleitung der Gesangsstimme des Refrains und – geringfügig verändert – auch der Strophen bis zum Ende des Songs. Es empfiehlt sich, das Pattern vor dem Spielen auf dem Instrument mit der rechten und linken Hand einzeln, dann mit beiden Händen gleichzeitig zu klopfen. Die Übertragung auf das Klavier wird dadurch wesentlich erleichtert.

*siehe „Erklärungen der Musikbegriffe", S. 48

Mozart Style

In diesem Style werden überwiegend *gebrochene Akkorde in der *Grundstellung und den *Umkehrungen in gleichmäßigen Achtelbewegungen (auch Viertel- oder Sechzehntelbewegungen) von der linken Hand gespielt.
In der rechten Hand begleitet eine zweite, vom Pianisten/von der Pianistin aus Dreiklangstönen und Tonleiterfragmenten zusammengesetzte und teilweise verzierte Stimme die Gesangsmelodie.

Pattern a)

Pattern b)

Der Komponist der Melodie dieses berühmten Kirchenliedes ist unbekannt, den Text schrieb der ehemalige englische Sklavenschiffkapitän John Newton um 1770.

Hier werden die *Akkorde G-Dur in der *Grundstellung, C-Dur in der *zweiten Umkehrung und D-Dur in der *ersten Umkehrung und als *D⁷-Akkord in der linken Hand gespielt. Alle Akkordtöne werden nacheinander angeschlagen, also als *gebrochener Akkord. Benötigt werden punktierte Halbe, zum Teil übergebunden, Halbe, Viertel, Achtel und Achteltriolen.
Vor dem Beginn des Gesangs ist dem Spiritual ein *Intro vorangestellt, und man erkennt im oberen Begleitsystem die letzten Takte der Gesangsstimme; die linke Hand spielt den gebrochenen G-Dur- und D⁷-Akkord.
Die Gesangsmelodie bekommt mit zum Teil verzierten Begleittönen in der rechten Hand eine zweite Stimme. Das geschieht durch das Hinzufügen von *Terzen, *Quarten, *Quinten, *Sexten und der *Oktave.

*siehe „Erklärungen der Musikbegriffe", S. 48

Amazing Grace II (einfachere Version)

M: überliefert
T: John Newton

2. 'Twas grace that taught my heart to fear,
   and grace my fears relieved;
   how precious did that grace appear
   the hour I first believed.

3. When we've been there ten thousand years,
   bright shining as the sun,
   we've no less days to sing God's praise
   than when we'd first begun.

4. The Lord has promised good to me,
   His word my hope secures.
   He will my shield and portion be
   as long as life endures.

Komm, lieber Mai

M: Wolfgang Amadeus Mozart (1756–1791)
T: Christian Adolf Overbeck (1755–1821)

Crashkurs Liedbegleitung Klavier

2. Zwar Wintertage haben
wohl auch der Freuden viel;
man kann im Schnee eins traben
und treibt manch Abendspiel;
baut Häuserchen von Karten,
spielt Blindekuh und Pfand,
auch gibt's wohl Schlittenfahrten
aufs liebe freie Land.

3. Doch wenn die Vöglein singen
und wir dann froh und flink
auf grünem Rasen springen,
das ist ein ander Ding.
Jetzt muss mein Steckenpferdchen
dort in dem Winkel stehn,
denn draußen in dem Gärtchen
kann man vor Kot nicht gehn.

4. Am meisten aber dauert
mich Lottchens Herzeleid.
Das arme Mädchen lauert
recht auf die Blumenzeit.
Umsonst hol ich ihr Spielchen
zum Zeitvertreib herbei.
Sie sitzt in ihrem Stühlchen
wie's Hähnchen auf dem Ei.

5. Ach, wenn's doch erst gelinder
und grüner draußen wär!
Komm, lieber Mai, wir Kinder,
wir bitten gar zu sehr!
O komm und bring' vor allem
uns viele Veilchen mit!
Bring' auch viel Nachtigallen
und schöne Kuckucks mit!

Die bekannteste Vertonung des Gedichts mit dem Titel *Sehnsucht nach dem Frühlinge* ist die von Wolfgang Amadeus Mozart aus dem Jahr 1791.

Wie schon bei *Amazing Grace* wird auch hier eine sich in punktierten Vierteln, Vierteln und Achteln bewegende Begleitstimme zum Gesang durch die rechte Hand ermöglicht.
Die *Akkorde D-Dur als *Grundstellung, G-Dur als *zweite Umkehrung, A-Dur als *erste Umkehrung und E-Dur als *Dominantseptakkord werden in diesem Mozartlied als gebrochene Akkorde gespielt und erscheinen als Achtel- und Viertelnoten, ausgeführt von der linken Hand.
Die letzten Takte der Begleitung wiederholen den Schluss der Gesangsmelodie.

*siehe „Erklärungen der Musikbegriffe", S. 48

Quinten-Song

Die *Quinte erscheint als bestimmendes *Intervall, gespielt im Bass- und je nach Song auch im Violinschlüssel. Hier kann sie auch durch eine *Prime oder *Terz ersetzt werden. Beide Hände bewegen sich überwiegend in unterschiedlichen Notenwerten.

Bruder Jakob

M+T: überliefert (aus Frankreich)

Dieser überall bekannte französische Kanon stammt aus dem 18. Jahrhundert und wurde möglicherweise von Jean-Philippe Rameau komponiert.

Für dieses achttaktige Lied wird nur der D-Dur-Akkord d-fis-a benötigt.
Das obere Begleitsystem arbeitet mit Quinten, Terzen und Primen, das untere ausschließlich mit Quinten. Als Notenwerte werden ganze, halbe und Viertelnoten eingesetzt.

Crashkurs Liedbegleitung Klavier

Hejo, spann den Wagen an

M: Thomas Ravenscroft (1590–1633)
T: überliefert

Geschrieben wurde die Melodie dieses Kanons von dem Engländer Thomas Ravenscroft.

Benötigt werden die *Akkorde e-Moll und D-Dur in der *Grundstellung und der h-Moll-*Septakkord, ebenso in der Grundstellung.
Verwendet werden Halbe, punktierte Viertel, Viertel und Achtel.
Als Intro spielen beide Hände nacheinander Quintintervalle und den h-Moll-Septakkord, verteilt auf beide Hände. Mit dem Einsetzen der Gesangsstimme werden auch die anderen Akkorde auf beide Begleitsysteme verteilt.
Der Schluss des Titels besteht aus einem verkürzten Intro.

*siehe „Erklärungen der Musikbegriffe", S. 48

Crashkurs Liedbegleitung Klavier

What Shall We do with the Drunken Sailor

M+T: überliefert (aus Irland)

2. Take him and shake him,
   and try to awake him, (3x)
   early in the morning!
   Hurray, and up she rises …

3. Pull out the plug
   and wet him all over, (3x)
   early in the morning!
   Hurray, and up she rises …

4. Put him in the long boat
   till he's sober, (3x)
   early in the morning!
   Hurray, and up she rises …

5. Stick him in a scupper
   with a hosepipe bottom, (3x)
   early in the morning!
   Hurray, and up she rises …

6. Shave his belly
   with a rusty razor, (3x)
   early in the morning!
   Hurray, and up she rises …

7. Put him in the bed
   with the captains daughter, (3x)
   early in the morning!
   Hurray, and up she rises …

8. That's what to do
   with a drunken sailor, (3x)
   early in the morning!
   Hurray, and up she rises …

Das aus Irland stammende Shanty (Seemannslied) wurde u. a. von den Swingle Singers, Pete Seeger und den King's Singers aufgenommen. Eine der bekanntesten Aufnahmen stammt von der Band The Irish Rovers.

*Quinten und *gebrochene Akkorde in Verbindung mit einem sich stetig wiederholenden rhythmischen *Pattern sind für dieses Lied charakteristisch. Das viertaktige *Intro beinhaltet schon alle vorkommenden melodischen und rhythmischen Elemente. Das sind für die rechte Hand *Quinten im Wechsel mit dem gebrochenen d-Moll- und C-Dur-Dreiklang in Viertel-, Achtel- und Sechzehntelnoten, für die linke Hand die zu den Dreiklängen dazugehörigen Quinten in Viertelnoten.

*siehe „Erklärungen der Musikbegriffe", S. 48

Quint/Octave & Chords

*Quinten und *Oktaven spielen – wie es der Titel dieses Abschnitts schon sagt – bei diesem Begleitmuster eine zentrale Rolle. Die *Intervalle werden von beiden Händen und vom *Grundton ausgehend nacheinander oder gleichzeitig gespielt. Die rechte Hand spielt außerdem die entsprechenden *Akkorde.

Es ist für uns eine Zeit angekommen

M+T: überliefert (aus der Schweiz)

Dieses Lied ist in drei auftaktig beginnende Abschnitte gegliedert. Die ersten beiden bestehen aus jeweils vier, der dritte Abschnitt aus zwei Takten. Das obere Begleitsystem spielt in der Hauptsache *Akkorde in der *Grundstellung und den *Umkehrungen als Halbe, punktierte Viertel, Viertel- und Achtelnoten. Im dritten Abschnitt wird die Gesangsmelodie durch eine sich im *Terzabstand bewegende Klavierstimme verstärkt. Im unteren Begleitsystem spielt die linke Hand nacheinander die *Grundtöne, *Quinten und *Oktaven der jeweiligen Akkorde. Am Schluss des Stückes erscheinen der Grundton und die Quinte oktaviert.

Crashkurs Liedbegleitung Klavier

Rolling in the Deep

M+T: Adele Adkins / Paul Epworth

© 2010, 2011 MELTED STONE PUBLISHING LTD. and EMI MUSIC PUBLISHING LTD. All Rights for MELTED STONE PUBLISHING LTD. in the U.S. and Canada Controlled and Administered by UNIVERSAL-SONGS OF POLYGRAM INTERNATIONAL, INC., All Rights for EMI MUSIC PUBLISHING LTD. Administered by SONY MUSIC PUBLISHING LLC, 424 Church Street, Suite 1200, Nashville, TN 37219, All Rights Reserved   Used by Permission, Printed by Permission of Hal Leonard Europe Ltd.

Dieser von der britischen Sängerin Adele gesungene Song wurde 2010 geschrieben und veröffentlicht.

Charakteristisch sind die den Titel prägenden pochenden *Quinten und *Oktaven, ab Takt 18 auch *Terzen und ab Takt 27 *Dreiklänge, durchgehend in Achtelbewegungen. Die *Intervalle teilen sich in einem kurzen *Intro und den Strophen beide Hände.
Vervollständigt man die Quinten mit einer Terz, ergeben sich die *Dreiklänge d-Moll, a-Moll und C-Dur (bis Takt 18). In der zweiten Strophe (ab Takt 19) bis zum Refrainbeginn spielt die rechte Hand in Terzen weiter und es erscheinen die Dreiklänge B♭-Dur, C-Dur, a-Moll und als Überleitung zum Refrain A-Dur. Hier schlägt die rechte Hand taktweise den d-Moll, C-Dur und B♭-Dur Akkord in der *Grundstellung an, die linke spielt die *Grundtöne mit den Oktaven.

*siehe „Erklärungen der Musikbegriffe", S. 48

Crashkurs Liedbegleitung Klavier

3. Baby, I have no story to be told but I've heard one on you and I'm gonna make your head burn.
Think of me in the depths of your despair, make a home down there as mine sure won't be shared.

Crashkurs **Liedbegleitung Klavier**

4. Throw your soul through every open door, count your blessings to find what you look for.
Turn my sorrow into treasured gold you'll pay me back in kind and reap just what you've sown.

Crashkurs Liedbegleitung Klavier

Quint/Sixth Style

Vom Beginn bis zum Ende bestimmt ein aus Achtel- oder Viertelnoten sich stetig wiederholendes zweiteiliges *Pattern den Verlauf. Charakteristisch für diese Begleitung ist der permanente Wechsel von den *Quinten zu den *Sexten.

Tom Dooley

M+T: überliefert (aus den USA)

Hang down your head, Tom Doo-ley, hang down your head and cry,

hang down your head Tom Doo-ley, poor boy, you're bound to die.

Crashkurs Liedbegleitung Klavier

2. Met her on the mountain,
I swore she'd be my wife,
but the gal refused me,
so I stabbed her with my knife.
Hang down your head ...

3. This time come tomorrow,
reckon where I'll be,
in some lonesome valley,
hangin' from a white oak tree.
Hang down your head ...

Beruhend auf einer wahren Begebenheit wurde dieser Folksong wahrscheinlich um 1920 geschrieben. Die ersten Einspielungen entstanden einige Jahre später, berühmt wurde *Tom Dooley* 1958 durch das Kingston Trio.

Ein viertaktiges *Intro beginnt mit der Vorwegnahme des zweiten Teils der Gesangsmelodie aus dem Refrain. Zur Melodie wird eine Begleitstimme hinzugefügt, beide Stimmen übernimmt die rechte Hand. Die linke spielt ein zweiteiliges, aus Viertelnoten bestehendes und bis zum Ende des Stückes sich wiederholendes *Pattern. Hierbei gibt es einen stetigen Wechsel von der *Quinte zur *Sexte; die benötigten *Akkorde sind F-Dur und C-Cur.
Vom Beginn des Refrains bis zum Erreichen der Coda vervollständigt die rechte Hand mit einem permanenten Intervallwechsel (Sexte-Quinte-Sexte, Terz-Quarte-Terz) das Pattern.
Die Schlusstakte werden durch eine *Coda gebildet und sind identisch mit dem Intro; der letzte tiefe Baston soll das Ende des Songs bekräftigen.

*siehe „Erklärungen der Musikbegriffe", S. 48

Syncopated Chords

Ein auf beide Hände verteiltes zweitaktiges *Pattern begleitet die Gesangsstimme in den Strophen und dem Refrain. Die rechte Hand spielt synkopierte *Akkorde in der *Grundstellung und den *Umkehrungen, die linke die *Grundtöne und die *Quinte.

Von mehreren Veröffentlichungen des Titels war die 1962 erschienene Version mit dem amerikanischen Sänger Pat Boone die erfolgreichste.

Bei diesem Titel beginnt die Gesangsstimme auftaktig, begleitet von einem *Akkordtremolo in der rechten Hand und *oktavierten *Grundtönen der *Akkorde G-Dur, e-Moll, C-Dur und D-Dur in der linken Hand. Dieses *Intro kann der Sänger/die Sängerin im Tempo frei gestalten, die Begleitung reagiert auf den Gesang und wechselt zu den von der Melodie vorgegebenen Akkorden.
Nach jedem Refrain folgt die Melodie der Einleitung, dann aber im Grundschlag.
Von der ersten Strophe bis zum Schluss des Songs übernehmen beide Hände ein sich stetig wiederholendes, zweitaktiges *Pattern.
Die rechte Hand spielt nach einer Viertelpause einen Dreiklang in Achtelnoten und nach einer Achtelpause in zwei Achtelnoten. Es folgt wieder eine Achtelpause und der Dreiklang in Achtelnoten. Beim zweiten Takt des Patterns beginnt der Rhythmus mit einer Achtelpause gefolgt vom Akkord in Achtelnoten. Nach zwei Viertelpausen endet der Abschnitt mit dem Dreiklang als Viertelnote.
Die linke Hand beginnt mit dem Grundton des Akkords als Viertelnote gefolgt von zwei Achteln eine Oktave höher. Nach einer Viertelpause spielt sie die Quinte des Grundtones als Viertelnote, im zweiten Takt eine Viertel, zwei Achtel und zwei Viertel. Die Tonhöhen entsprechen denen des ersten Taktes vom Pattern.
Die Akkordfolge bei der Strophe ist die des Intros, beim Refrain wird der e-Moll-Dreiklang übersprungen.
Wie bei den Liedern im Latin Style empfiehlt es sich auch hier, das Pattern vor dem Spielen auf dem Klavier mit der rechten und linken Hand einzeln zu klopfen, dann mit beiden Händen gleichzeitig.
Das Ende des Titels wird durch eine allmähliche Verminderung der Lautstärke deutlich gemacht (fade out).

*siehe „Erklärungen der Musikbegriffe", S. 48

Speedy Gonzales

M+T: Buddy Kaye/Ethel Lee/David Hess

* Strophe 1:
  „Hey, Rosita, I have to go shopping downtown for my mother, she needs some tortillas and chili peppers."

* Strophe 2:
  „Hey, Rosita, come quick!
  Down at the cantina they giving green stamps with tequila!"

Crashkurs Liedbegleitung Klavier

2. Your doggy's gonna have a puppy and we're runnin' outta Coke.
No enchiladas in the icebox and the television's broke.
I saw some lipstick on your sweatshirt,
I smelled some perfume in your ear.
Well if you're gonna keep on messin',
don't bring your business back a-here.

© 1961 Sony Music Publishing LLC and Bienstock Publishing Company Copyright Renewed All Rights on behalf of Sony Music Publishing LLC Administered by Sony Music Publishing LLC, 424 Church Street, Suite 1200, Nashville, TN 37219 (66.67%) Printed by Permission of Hal Leonard Europe Ltd.

© 1961 ROUND HILL CARLIN LLC on behalf of CARLIN MUSIC DELAWARE, SONY/ATV TUNES LLC and SONY/ATV MUSIC PUBLISHING LLC Exclusive Print Rights for ROUND HILL CARLIN Administered by ALFRED MUSIC Used by Permission of FABER MUSIC LIMITED on behalf of ALFRED MUSIC (33.33%) International Copyright Secured. All Rights Reserved

Walking Bass

Ein eintaktiges *Pattern läßt eine *Blue Note-lastige Bassstimme vom Beginn bis zum Schluss des Liedes ohne Unterbrechung durch die benötigten *Dreiklänge in Achtelbewegungen „wandern" (zur rhythmischen Ausführung der Achtelnoten den Hinweis über Takt 1 beachten). Im Violinschlüssel erkennt man Einzeltöne in Verbindung mit Blue Notes, *Intervallen und *Akkorden.

Pattern a)

Pattern b)

Die Amerikanerin Bessie Smith schrieb und sang diesen Blues im Jahr 1927. Anlass für die Komposition war eine grosse Überschwemmung des Mississippi.

Ein eintaktiges *Pattern in der Bassstimme mit den *Dreiklängen/Akkorden C-Dur, F-Dur und G-Dur , notiert in Achtelnoten (siehe Hinweis über dem ersten Takt) und immer mit einer *Blue Note, dient hier als Begleitung. Im Violinschlüssel werden *Sexten, Blue Notes, ein *Septakkord und am Schluss ein C-Dur Dreiklang eingesetzt.
In Klammer eins und zwei unterbrechen *oktavierte Tonleiterfragmente im Bass das eintaktige Pattern und führen zur nächsten Strophe oder in den Schlusstakt.

*siehe „Erklärungen der Musikbegriffe", S. 48

Backwater Blues

M+T: Bessie Smith

2. Thunder and lightning and the winds begin to blow,
   thunder and lightning and the winds begin to blow,
   so many people that didn't have not where to go.

3. I woke up this morning, I couldn't even get out of my door.
   I woke up this morning, I couldn't even get out of my door.
   All that backwater would run, it makes me want – tell me where to go.

Crashkurs Liedbegleitung Klavier

Anhang

Erklärungen der Musikbegriffe

- **Akkord**
Der Zusammenklang von drei oder mehr Tönen

- **Blue Note**
Langer oder kurzer Vorhalt vor der großen Terz im Dreiklang (Beispiel: dis vor e im C-Dur-Akkord)

- **Coda**
Schlussteil

- **Dominantseptakkord oder D⁷**
Ein aus drei Terzen übereinander aufgebauter Akkord auf der fünften Stufe einer Tonleiter

- **Dreiklang in der Grundstellung**
Ein aus zwei Terzen übereinander aufgebauter Akkord

- **Dreiklang in der ersten Umkehrung**
Ein aus einer Terz und einer Quarte übereinander aufgebauter Akkord

- **Dreiklang in der zweiten Umkehrung**
Ein aus einer Quarte und einer Terz übereinander aufgebauter Akkord

- **Einfache Kadenz**
Besteht aus Tonika/erste Stufe:
Dreiklang auf dem ersten Ton einer Tonleiter

Subdominante/vierte Stufe:
Dreiklang auf dem vierten Ton einer Tonleiter

Dominante/fünfte Stufe:
Dreiklang auf dem fünften Ton einer Tonleiter

- **Durchgangstöne**
Die Töne zwischen den Dreiklangstönen

- **Gebrochener Dreiklang**
Die Töne werden nacheinander angeschlagen

- **Grundton**
Der erste Ton einer Tonart

- **Intervall**
Der Abstand zweier Töne

- **Intro**
Einleitung eines Musikstücks

- **Oktave**
Der erste und achte Ton einer Tonleiter. Der Anfangston kann jeder beliebige Ton der Tonleiter sein (Beispiel: c-c, g-g)

- **Outro**
Schlussteil eines Musikstücks

- **Pattern**
Eine sich harmonisch und/oder rhythmisch wiederholende Struktur

- **Prime**
Der erste Ton einer Tonleiter

- **Quinte**
Der erste und fünfte Ton einer Tonleiter. Der Anfangston kann jeder beliebige Ton der Tonleiter sein (Beispiel: c-g, g-d)

- **Septakkord**
Ein aus drei Terzen übereinander aufgebauter Akkord

- **Sexte**
Der erste und sechste Ton einer Tonleiter. Der Anfangston kann jeder beliebige Ton der Tonleiter sein (Beispiel: c-a, e-c)

- **Synkope**
Eine Verschiebung der Betonung des Taktschwerpunktes

- **Terz**
Der erste und dritte Ton einer Tonleiter. Der Anfangston kann jeder beliebige Ton der Tonleiter sein (Beispiel: c-e, e-g)

- **Tremolo**
Die schnelle Wiederholung eines Tons oder Akkords

- **Wechselbass**
Der Wechsel vom Grundton eines Akkords zur Quarte abwärts oder Quinte aufwärts und zurück

Videoverzeichnis

1. Broken Chords (4:35)
Erklärung der Begleitpattern a und b anhand von *Greensleeves*

2. Changeable Bass (3:21)
Erklärung der Begleitpattern a und b anhand von *Oh! Susanna*

3. Country Style (4:12)
Erklärung der Begleitpattern a, b und c anhand von *Amazing Grace*

4. Latin Style (3:56)
Erklärung der Begleitpattern Calypso (a) und Reggae (b) anhand von *Swing Low, Sweet Chariot*

5. Mozart Style (4:04)
Erklärung der Begleitpattern a und b anhand von *Komm, lieber Mai* und *Amazing Grace*

6. Quinten-Song (3:03)
Erklärung der Begleitpattern a und b anhand von *What Shall We do with the Drunken Sailor*

7. Quint/Oktave & Chords (3:04)
Erklärung der Begleitpattern a und b anhand von *Es ist für uns eine Zeit angekommen*

8. Quint/Sixth Style (1:59)
Erklärung des Begleitpatterns anhand von *Tom Dooley*

9. Syncopated Chords (2:17)
Erklärung des Begleitpatterns anhand von *Im Frühtau zu Berge*

10. Walking Bass (3:55)
Erklärung der Begleitpattern a und b anhand von *Backwater Blues*

Übetipps

Bevor der Klavierbegleiter/die Klavierbegleiterin mit dem Sänger/der Sängerin zusammen probt, sollte das Lied von beiden separat eingeübt werden.

1. Übungszeit
Täglich 30 Minuten oder mehr Klavier zu spielen ist effektiver als ein mal in der Woche zwei Stunden.
Integriert man die Übungszeit fest in seinen Tagesablauf, wird sie bald zur liebgewordenen Gewohnheit.

2. Schwierigkeitsgrad
Lieber ein leichteres Stück aussuchen. Ist es zu schwer, verliert man oft die Lust am Üben.

3. Spieltempo
Sehr wichtig ist ein langsames und konzentriertes Spielen. Das Tempo kann nach und nach gesteigert werden.

4. Einzelne Abschnitte
Vorteilhaft und zeitsparend ist es, die angegebenen Fingersätze zu beachten und nach dem ein- oder zweimaligen Spielen des ganzen Stückes nur einzelne Abschnitte mehrmals zu wiederholen.
Oft ist es notwendig, beide Hände einzeln zu üben.

5. Metronom
Nach dem Einüben des Liedes sollte man prüfen, ob man es fehlerfrei und im gleichmäßigen Tempo spielt.
Ein gutes Hilfsmittel ist das Metronom.

Jetzt steht einer gemeinsamen Probe nichts mehr im Wege.

Copyrights

Hallelujah
© 1985 Sony Music Publishing LLC, All Rights Administered by Sony Music Publishing LLC, 424 Church Street, Suite 1200, Nashville, TN 37219, International Copyright Secured, All Rights Reserved, Printed by Permission of Hal Leonard Europe Ltd.

Soon and very soon
© 1976 Crouch Music (ASCAP) Bud John Songs (ASCAP) (adm. At CapitolCMGPublishing.com) All rights reserved. Used by permission.

Island in the Sun
© 1956 Caribe Music and Clara Music Publishing Company, Copyright Renewed, All Rights for Caribe Music Administered by BMG Rights Management (US) LLC, All Rights for Clara Music Publishing Company Administered by Sony Music Publishing LLC, 424 Church Street, Suite 1200, Nashville, TN 37219, All Rights Reserved   Used by Permission, Printed by Permission of Hal Leonard Europe Ltd.

Rolling in the Deep
© 2010, 2011 MELTED STONE PUBLISHING LTD. and EMI MUSIC PUBLISHING LTD. All Rights for MELTED STONE PUBLISHING LTD. in the U.S. and Canada Controlled and Administered by UNIVERSAL-SONGS OF POLYGRAM INTERNATIONAL, INC., All Rights for EMI MUSIC PUBLISHING LTD. Administered by SONY MUSIC PUBLISHING LLC, 424 Church Street, Suite 1200, Nashville, TN 37219, All Rights Reserved
Used by Permission, Printed by Permission of Hal Leonard Europe Ltd.

Speedy Gonzales
© 1961 Sony Music Publishing LLC and Bienstock Publishing Company Copyright Renewed All Rights on behalf of Sony Music Publishing LLC Administered by Sony Music Publishing LLC, 424 Church Street, Suite 1200, Nashville, TN 37219 (66.67%) Printed by Permission of
Hal Leonard Europe Ltd.
© 1961 ROUND HILL CARLIN LLC on behalf of CARLIN MUSIC DELAWARE, SONY/ATV TUNES LLC and SONY/ATV MUSIC PUBLISHING LLC Exclusive Print Rights for ROUND HILL CARLIN Administered by ALFRED MUSIC Used by Permission of FABER MUSIC LIMITED on behalf of ALFRED MUSIC (33.33%) International Copyright Secured. All Rights Reserved

Manfred Rückemesser

lehrt Klavier an der Musikschule Berlin-Reinickendorf und unterrichtet Schülerinnen und Schüler von den Anfängen bis zur Aufnahmeprüfung an einer Musikhochschule.
Schon früh befasste er sich intensiv mit der Liedbegleitung und lernte so die Rock-, Pop- und Folkmusik sowie die klassische Gesangsliteratur von Bach bis Brahms kennen.

Crashkurs Musik

Grundlagenwissen leicht und anschaulich

Kurz, bündig und in leicht verständlicher Form werden in dieser Reihe grundlegende Inhalte aus Musikgeschichte, -theorie und -produktion vermittelt. Mit Audio- und Video-Tutorials.

Neu Crashkurs Liedbegleitung Gitarre	Andre Schmidt	mit Online-Material, 56 Seiten	ISBN 978-3-7957-2034-6	ED 23320	€ 18,50
Neu Crashkurs Oper	Jasmin Solfaghari	mit Online-Audiodatei, 116 Seiten	ISBN 978-3-7957-0069-0	ED 23032	€ 16,50
Crashkurs Singen	Alexandra Ziegler	mit DVD, 112 Seiten	ISBN 978-3-7957-0871-9	ED 22065	€ 15,50
Crashkurs Dirigieren	Barbara Rucha	mit DVD, 112 Seiten	ISBN 978-3-7957-0955-6	ED 22471	€ 15,50
Crashkurs Musiklehre	Evemarie Müller	mit DVD, 72 Seiten	ISBN 978-3-7957-0829-0	ED 21612	€ 16,00
Crashkurs Musikgeschichte	Paul Johannsen	mit DVD, 104 Seiten	ISBN 978-3-7957-0858-0	ED 21863	€ 15,50
Crashkurs Gehörbildung	Ute Ringhandt	mit CD, 108 Seiten	ISBN 978-3-7957-1194-8	ED 22742	€ 15,50
Crashkurs Harmonielehre	Julian Oswald	mit DVD, 80 Seiten	ISBN 978-3-7957-0925-9	ED 22324	€ 15,50
Crashkurs Formenlehre	Marlis Mauersberger	mit DVD, 88 Seiten	ISBN 978-3-7957-0870-2	ED 22115	€ 15,50
Crashkurs Musikproduktion	Friedrich Neumann	mit CD, 80 Seiten	ISBN 978-3-7957-0872-6	ED 22116	€ 15,50

Alle Produkte sind erhältlich bei Ihrem Buch- oder Musikalienhändler oder unter
www.schott-music.com/crashkurs

SCHOTT